Tamara Bauer

# Über das liberale und befreiungstheologische Verständnis von Schöpfung aus der Sicht Dorothees Sölle

GRIN Verlag

**Bibliografische Information der Deutschen Nationalbibliothek:**

Die Deutsche Bibliothek verzeichnet diese Publikation in der Deutschen National-
bibliografie; detaillierte bibliografische Daten sind im Internet über http://dnb.d-
nb.de/ abrufbar.

**Impressum:**

Copyright © 2004 GRIN Verlag, Open Publishing GmbH
Druck und Bindung: Books on Demand GmbH, Norderstedt Germany
ISBN: 978-3-640-79426-3

**Dieses Buch bei GRIN:**

http://www.grin.com/de/e-book/164278/ueber-das-liberale-und-befreiungstheolo-
gische-verstaendnis-von-schoepfung

## GRIN - Your knowledge has value

Der GRIN Verlag publiziert seit 1998 wissenschaftliche Arbeiten von Studenten, Hochschullehrern und anderen Akademikern als eBook und gedrucktes Buch. Die Verlagswebsite www.grin.com ist die ideale Plattform zur Veröffentlichung von Hausarbeiten, Abschlussarbeiten, wissenschaftlichen Aufsätzen, Dissertationen und Fachbüchern.

## Besuchen Sie uns im Internet:

http://www.grin.com/

http://www.facebook.com/grincom

http://www.twitter.com/grin_com

**Seminar:**        Elementartheologie

# Das Verständnis von Schöpfung

**Universität:**        Johann-Wolfgang-von-Goethe-Universität Frankfurt a. M.

**Studiengang:**        L1

**Fächer:**        Deutsch, Englisch, Religion

**Semesteranzahl:**        2

# Inhaltsverzeichnis

# 1 Das Verständnis von Schöpfung

Im fünften Kapitel ihres Buches *Gott denken: Eine Einführung* stellt Sölle das orthodoxe, das liberale und das befreiungstheologische Verständnis von Schöpfung dar.

## 1.1 Zur Bedeutung von Schöpfung

In der Einleitung beschreibt Sölle die Lehre von der Schöpfung als „lebensgebend und lebenserhalten"[1]. Sie erinnert sich an ein Spiel aus ihrer Kindheit, welches ihr deutlich machte, dass alles von Gott „gebildet"[2] wurde und Gott alles in seiner Hand hält. Sölle ist außerdem der Auffassung, dass das Bewusstsein von Gott geschaffen worden zu sein ein Gefühl der Gemeinsamkeit und der Akzeptanz hervorruft. Mit einem Zitat des Jesuiten und Naturforschers Pierre Teilhard de Chardin betont Sölle, dass man das Leben annehmen muss, das Gott einem geschenkt hat. Nur wer sein Leben bejaht, wird zu Gott, dem Grund allen Seins, kommen.[3] In beiden Beispielen, dem Kinderspiel und dem Zitat de Chardins, erkennt Sölle eine Bewegung, die in Gott zur Ruhe kommt.[4]

## 1.2 Die drei Elemente des biblischen Schöpfungsglaubens

Weiterhin beschreibt Dorothee Sölle drei wesentliche Bestandteile des Schöpfungsglaubens. Diese sind die Schöpfergottheit, der Mensch und die Welt.[5] Das erste Element ist Gott als Schöpfer und Erhalter der Welt. Ohne Gott kann die Welt nicht bestehen, denn Er bestimmt Anfang und Ende von allem. Dieses Element des biblischen Schöpfungsglaubens ist für Sölle auch der Grund zu Ehrfurcht einerseits und Vertrauen andererseits. Ehrfurcht empfindet der Mensch vor der Schönheit und Größe der Schöpfung. Ein gewisses Vertrauen ergibt sich aus einem „Sich-zu-Hause-Fühlen". Vertrauen und Ehrfurcht bezieht die Autorin nicht nur auf Gott, sondern auch auf die Schöpfung selbst. Sölle warnt diesbezüglich vor einer übertriebenen Trennung von Schöpfer und Schöpfung, denn den Schöpfer erkennt man in der Schöpfung.[6] Das zweite Element des Schöpfungsglaubens ist das Geschöpf und seine Unabhängigkeit vom Schöpfer. Der Mensch ist frei. Sölle nennt als Beispiel den Sündenfall. Es war die freie Entscheidung von Adam und Eva den Apfel zu essen. Es gab keinen schicksalhaften Zwang dazu. Der Mensch kann sich jederzeit zwischen gut und böse oder

---

[1] Sölle, Dorothee: *Gott denken: Eine Einführung.* Stuttgart 1999, Seite 61.
[2] Psalm 95,4 ff.
[3] Sölle, Dorothee: *Gott denken: Eine Einführung.* Stuttgart 1999, Seite 62.
[4] Ebd. Seite 62.
[5] Ebd. Seite 62.

richtig und falsch entscheiden. Sölle vergleicht diese Unabhängigkeit mit einem Herauswachsen „aus der elterlichen Obhut". Trotz seiner enormen Freiheit ist der Mensch dennoch an die Gesetze der Schöpfung gebunden. Diese Gesetze geben beispielsweise die relativ kurze und eingeschränkte Lebensdauer des Menschen vor oder bestimmen das Bedürfnis nach Nahrung, Schlaf und Wärme.[7] Der dritte Bestandteil des christlichen Schöpfungsglaubens ist, dass die Schöpfung als gut angesehen wird. Gott erkannte, dass sein Werk gut war. Der Mensch hat deshalb nicht das Recht die Schöpfung als schlecht und die Welt für böse zu erklären. Die Welt ist weder ein Zufall noch die Erfindung des Teufels. An dieser Stelle stellt die Autorin die Frage, ob der Mensch, der eigentlich geschaffen wurde, um die Welt zu behüten, nicht auf dem besten Wege ist das Gegenteil zu erreichen. Besonders beschuldigt Sölle die Menschen in den Industrienationen.[8]

### 1.3  Das orthodoxe Verständnis von Schöpfung

Die Orthodoxie betont das erste Element des christlichen Schöpfungsglaubens. Gott gab sich in der Schöpfung allen Menschen zu erkennen, doch durch den Sündenfall sei der Verstand der Menschen getrübt, weshalb die Realität nicht erkannt werden könne. Sölle erklärt, dass die Bibel als „Buch der Welterklärung" gesehen wird. Alles, was darin enthalten ist, wird literal, was soviel wie wörtlich heißt, genommen. Dies führt zu einer ständigen Auseinandersetzung der Orthodoxie mit der Wissenschaft. Da die Widersprüche der biblischen Schöpfungsberichte sehr deutlich sind, kommt es in diesem Zusammenhang immer wieder zu einer Kritik an der orthodoxen Methode der Welterklärung. Das sich anhäufende Wissen über die Entstehung der Welt und der Lebewesen reduziert die Macht Gottes auf eine „Anfangsmacht", was ein Zurückweichen des Schöpfers bedeutet. Trotz allem hält die Orthodoxie, laut Sölle, an ihrem wörtlichen Glaube fest.[9] Was das zweite Element, die Rolle des Menschen, betrifft, wurden feste Rollenschemata zwischen Mann und Frau, Alt und Jung, Reich und Arm, Herrscher und Beherrschter als eine vom Schöpfer gewollte und vorgegebene Ordnung betrachtet. Die oben beschriebene Freiheit der Geschöpfe traf nicht auf die jeweils Unterlegenen zu, wie Sölle schreibt. Diese Ansicht wirkt bis heute nach, unter anderem als Rechtfertigung für den Rassismus. Die Herrschaft des Mannes über die Frau wird beispielsweise als Strafe für den Sündenfall interpretiert. Auch die Ächtung der Homosexualität geht auf diese Auslegung der Schöpfungsordnung zurück. Schließlich sei es,

---

[6] Ebd. Seite 62 f.
[7] Ebd. Seite 63 f.
[8] Ebd. Seite 64.
[9] Ebd. Seite 64 f.

laut dem Schöpfungsbericht, die Aufgabe des Menschen sich zu vermehren. Hier zitiert Dorothee Sölle Willy Schottroff, der in einer Bibelauslegung darauf hinwies, dass die Bibel gleichgeschlechtliche Liebe durchaus gelten lasse.[10] Die Güte der Schöpfung wird von der Orthodoxie nicht in Frage gestellt. Man vertritt die Auffassung, dass Gott alles gut gemacht habe, und vor allem, dass immer noch alles gut sei. Widersprüche werden, wie schon hinsichtlich dem ersten Element des Schöpfungsglaubens, vom orthodoxen Protestantismus ohne weiteres übergangen. Trotz dieser hohen Meinung von der Welt grenzt sich die Orthodoxie ausdrücklich vom Pantheismus ab. Die Welt sei als Werk Gottes gut, jedoch unterscheidet der orthodoxe Glaube strikt zwischen Gott und der Welt.[11]Die Orthodoxie verschließt die Augen vor den Erkenntnissen der Wissenschaft. Das ist meiner Meinung nach der falsche Weg. Die orthodoxe Theologie wirkt auf mich dadurch sehr unglaubwürdig und etwas naiv. Ich stimme Dorothee Sölle zu, dass die Bibel nicht wortwörtlich verstanden werden kann. Ich denke auch, dass die Rolle des Menschen von der Orthodoxie völlig falsch ausgelegt wurde. Ich sehe in keinem der beiden Schöpfungsberichte eine Rechtfertigung für Ungleichbehandlungen, welcher Art auch immer. Was die Güte der Schöpfung anbelangt gebe ich der Orthodoxie insofern recht, dass alles einmal gut war. Dies gilt allerdings nur für die Vergangenheit und leider nicht, wie die orthodoxe Theologie behauptet, für die Gegenwart.

### 1.4 Das liberale Verständnis von Schöpfung

Sölle beschreibt die liberale Theologie als sehr ambivalent. Einerseits gibt sie zu die Entstehung der Welt nicht erklären zu können. Somit beteiligt sie sich auch nicht weiter am wissenschaftlichen Diskurs. Die Funktion der Bibel die Welt zu erklären wurde aufgegeben. Die naturwissenschaftliche Erklärung der Weltentstehung wurde dagegen anerkannt. Andererseits versucht die liberale Theologie Gott weiterhin als Schöpfer zu betrachten.[12]
Stärker betont wird im liberalen Glaube ohnehin der zweite Bestandteil des Schöpfungsglaubens, die Unabhängigkeit und die Freiheit des Menschen. Liberale Idealisten, wie beispielsweise Schiller, behaupteten sogar, dass der Sündenfall dem Loslösen vom elterlichen Gott entspreche und somit der eigentliche Anfang der Menschheitsgeschichte sei.[13]
Im Folgenden orientiert sich Sölle an den Erläuterungen von Friedrich Gogarten. Er erkannte und korrigierte diese Schwäche der liberalen Theologie. Gogarten übernimmt zwar das Bild

---

[10] Ebd. Seite 65 f.
[11] Ebd. Seite 66 f.
[12] Ebd. Seite 67
[13] Ebd. Seite 67 f.

der Menschen als selbständige und unabhängige Kinder Gottes, betont jedoch, dass ein Sohn trotzdem sein Leben dem Vater verdanke und daher in dessen Schuld stehe. Die Menschen benötigen die Bindung an Gott als ihren Vater, um das empfangene Erbe, die Welt, nicht zu zerstören. So können nur Gläubige, die eine enge Bindung zu Gott haben, verantwortungsvoll mit der Welt umgehen. Nach diesem Verständnis rückt die Schöpfung selbst in den Hintergrund. Es sei unwichtig, ob die biblischen Schöpfungsberichte wahr seien oder nicht, wenn man sich selbst als Herrscher und Besitzer der Welt betrachte. Gogarten trennt demzufolge die Einheit von Schöpfer und Erhalter. Er sieht in Gott zwar den Schöpfer der Welt, der Erhalter ist für ihn allerdings der Mensch.[14] Die dritte Komponente des biblischen Schöpfungsglaubens spielt in der liberalen Theologie keine wichtige Rolle. Dies begründet Sölle mit dem Sieg der Wissenschaft und des Industrialismus. Natur ist bloß noch eine Ware, für die sich niemand verantwortlich fühlt. Die liberale Theologie sieht nichts Heiliges mehr darin, weshalb diese Ware auch willkürlich benutzt wird. Den mangelnden Respekt vor der geschaffenen Welt kritisiert Sölle sehr. Die liberale Theologie hat eine „Experimentierideologie" entwickelt und handelt nach dem Motto: „Was denkbar und machbar ist, muss ausprobiert werden".[15]Die liberale Theologie wirkt auf mich, was die Frage nach der Entstehung der Welt betrifft, eher hilflos. Was ich der liberalen Theologie dennoch hoch anrechne, ist die ehrliche Art, mit der sie zugibt, die Entstehung der Welt nicht erklären zu können. Das macht meiner Meinung nach einen besseren Eindruck, als die sture Wortgläubigkeit der Orthodoxie. Hinsichtlich der Rolle des Menschen stimme ich mit Gogarten überein. Einerseits sind wir frei und unabhängig. Andererseits schulden wir Gott dagegen unser Leben. Auch die Idee den Menschen als Erhalter der Welt zu sehen halte ich für plausibel. Ich glaube jedoch, dass Gott trotzdem über den Fortbestand der Welt bestimmen kann und somit in einem gewissen Sinne auch Erhalter der Welt ist. Ein Fehler der liberalen Theologie ist es außerdem die Natur als Ware zu sehen. Hier widerspricht sie sich meiner Meinung nach selbst. Einerseits soll der Mensch, der liberalen Auffassung nach, der Erhalter sein und andererseits ist ihm, das was er erhalten soll nicht heilig.

## 1.5 Das befreiungstheologische Verständnis von Schöpfung

Mit diesem Verständnis von Schöpfung scheint sich Sölle am ehesten identifizieren zu können. Die Befreiungstheologie bringt die ökologischen Gesichtspunkte in die Schöpfungstheologie mit ein. Die bestehende Weltordnung wird als schöpfungsfeindlich angesehen. Die Rolle Gottes wird weniger darin gesehen Schöpfer und Erhalter zu sein.

---

[14] Ebd. Seite 68 f.

Aufgrund der Verelendung von zwei Dritteln der Menschheit ist Gott im befreiungstheologischen Verständnis eher Schöpfer und Befreier. Die Schöpfung selbst sei noch nicht beendet. Sie sei ein Befreiungsakt und erst mit der Befreiung selbst beende Gott sein Werk. Durch die Schöpfung solle es zur Gleichheit aller Rassen, Geschlechter und Klassen kommen. Daher wird in der Befreiungstheologie zum Beispiel der erste biblische Schöpfungsbericht höher bewertet als der zweite. In Genesis 1,27 heißt es nämlich: „Gott schuf den Menschen Gott zum Bilde als Mann und Frau". Beide Geschlechter sind hier gleichberechtigt. Mann und Frau bilden gemeinsam den Menschen. Nach der befreiungstheologischen Auffassung darf man sich Gott nicht als männlich oder weiblich vorstellen, sondern müsse ihn sich in der „zweigeschlechtlichen Doppelung" denken.[16] Versteht man die Schöpfung als unvollendet, definiert sich automatisch auch die Rolle der Menschen neu. Gott brauche den Menschen zur Vollendung seiner Schöpfung. Dorothee Sölle erklärt, dass der Mensch in der Befreiungstheologie ein aktiver Mitarbeiter Gottes ist. Die Autorin zitiert Gustavo Gutiérrez, der der Meinung ist, dass der Mensch selbst die Welt verändern und damit zur Fertigstellung der Schöpfung beitragen könne. Die menschliche Arbeit sei also keine nutzlose Plackerei, sondern die Fortsetzung der Schöpfung. Seine Rolle als Mitarbeiter könne der Mensch nur erfüllen, wenn er an die Güte Schöpfung glaube. Es bedarf der Erkenntnis, dass alles einmal gut war, und dass es wieder so gut werden könne. Man müsse außerdem die Heiligkeit der Welt erkennen. Auf die Natur zu achten nennt Sölle eine „neue Art fromm zu sein". Sölle hält es für wichtig sich selbst und die Kinder dahingehend zu erziehen. Das Ziel sei es die Vertrautheit zur Natur wiederherzustellen. Dieses Ziel zu erreichen ist schwierig, da der Mensch so viele negative Erfahrungen gemacht hat.[17] Sieht man in Gott den Befreier, gibt das Hoffnung in schlechten Zeiten. In diesem Punkt stimme ich mit der Befreiungstheologie überein. Ich glaube jedoch, dass die Schöpfung vollendet ist. Meiner Auffassung nach leben wir in einer vollendeten Welt, die Gott uns geschenkt hat. Was der Mensch nun daraus macht, kann er selbst bestimmen. Es tut gut daran zu glauben, dass Gott den Menschen irgendwann einmal aus dem Elend befreien wird, das er durch seine Fehler selbst geschaffen hat. Insofern ist der Mensch eigentlich auch nicht der Mitarbeiter Gottes. Wie ich schon erwähnt habe, stimme ich in diesem Punkt eher der liberalen Auffassung von den Menschen als Gottes Kinder zu. Gut finde ich den ökologischen Ansatz der Befreiungstheologie. Ich halte es für enorm wichtig auf die Welt zu achten, da nach uns weitere Generationen kommen, die auch auf dieser Welt leben müssen.

---

[15] Ebd. Seite 68 f.
[16] Ebd. Seite 69 ff.
[17] Ebd. Seite 70 f.

## 2 Quellenangabe

Sölle, Dorothee: *Gott denken: Eine Einführung in die Theologie.* Stuttgart 1990.